BEI GRIN MACHT
WISSEN BEZAHL1

- Wir veröffentlichen Ihre Hausarbeit,
  Bachelor- und Masterarbeit

- Ihr eigenes eBook und Buch -
  weltweit in allen wichtigen Shops

- Verdienen Sie an jedem Verkauf

Jetzt bei www.GRIN.com hochladen
und kostenlos publizieren

Robert Scholz

Qualitative Marktforschung als Methodik zur Gewinnung von Neuproduktideen - theoretische Grundlagen und Anwendungsbeispiele

GRIN Verlag

Bibliografische Information der Deutschen Nationalbibliothek:

Die Deutsche Bibliothek verzeichnet diese Publikation in der Deutschen National-
bibliografie; detaillierte bibliografische Daten sind im Internet über http://dnb.d-
nb.de/ abrufbar.

Impressum:

Copyright © 2006 GRIN Verlag GmbH
Druck und Bindung: Books on Demand GmbH, Norderstedt Germany
ISBN: 978-3-638-90273-1

Dieses Buch bei GRIN:

http://www.grin.com/de/e-book/56822/qualitative-marktforschung-als-methodik-
zur-gewinnung-von-neuproduktideen

GRIN - Your knowledge has value

Der GRIN Verlag publiziert seit 1998 wissenschaftliche Arbeiten von Studenten, Hochschullehrern und anderen Akademikern als eBook und gedrucktes Buch. Die Verlagswebsite www.grin.com ist die ideale Plattform zur Veröffentlichung von Hausarbeiten, Abschlussarbeiten, wissenschaftlichen Aufsätzen, Dissertationen und Fachbüchern.

Besuchen Sie uns im Internet:

http://www.grin.com/

http://www.facebook.com/grincom

http://www.twitter.com/grin_com

Seminararbeit

Qualitative Marktforschung als Methodik zur Gewinnung von Neuproduktideen – theoretische Grundlagen und Anwendungsbeispiele

bearbeitet von: Robert Scholz

Marketing
International

Inhaltsverzeichnis

1   **Einleitung** 2

2   **Die Neuproduktidee** 3

    2.1   Eine Begriffsbestimmung 3

    2.2   Die Ideenquellen 5

3   **Die Qualitative Marktforschung** 7

    3.1   Die theoretischen Grundlagen der qualitativen Marktforschung 7

    3.2   Die Methoden der qualitativen Marktforschung 9

        3.2.1   Das qualitative Interview 10

        3.2.2   Die Gruppendiskussion 11

        3.2.3   Die Kreativitätstechniken 15

        3.2.4   Die projektiven Verfahren 16

4   **Ein Anwendungsbeispiel** 18

5   **Fazit** 20

Anhang XXII

Literaturverzeichnis XXVII

1. Einleitung

Durch die sich ständig wandelnden Kundenbedürfnisse, Fortschritte in der Technologie sowie durch den hohen Wettbewerbsdruck sind die kontinuierliche Weiterentwicklung bestehender Produkte sowie die Entwicklung neuer Produkte ein wesentlicher Faktor für den Erfolg eines Unternehmens.[1] So erwirtschaftet Siemens 50 Prozent seines Umsatzes mit Produkten, die vor 5 Jahren noch nicht existierten.[2] Dabei ist die Entwicklung neuer Produkte immer schwieriger, denn der scharfe Wettbewerb hat den Markt zunehmend zersplittert und die ansprechbaren Marktsegmente verkleinert.[3] Um Produkte nicht am Markt vorbei zu entwickeln, ist die Kenntnis der latenten Bedürfnisse der Kunden von Vorteil. Was denkt, wie fühlt, was will der Kunde? Oftmals wünschen sich die Kunden ein bisher noch nicht existentes Produkt und haben schon eine konkrete Neuproduktidee. Das Ziel der Marktforschung ist es, dieses verborgene Potenzial für die Unternehmen nutzbar zu machen. Dies stellt die Unternehmen vor eine außerordentliche Herausforderung. Die Generierung von Neuproduktideen stößt mit den quantitativen Methoden der Marktforschung schnell an ihre natürliche „Grenze". Für solche „weiche" Daten werden die Methoden der qualitativen Marktforschung benötigt.

Ziel der Arbeit ist, die qualitative Marktforschung in Bezug auf ihre Relevanz zur Generierung von Neuproduktideen zu beschreiben. Dazu erfolgen zunächst eine Begriffs-bestimmung der Neuproduktidee sowie eine Erläuterung zu den möglichen Quellen der Neuproduktidee. Danach beschäftigt sich die Arbeit mit den Grundlagen der qualitativen Marktforschung und gibt einen Überblick über das zur Neuproduktgenerierung geeignete qualitative Methodenspektrum, dessen Anwendung an einem Beispiel demonstriert wird.

---

1 Vgl. Kotler et. al. (2003), S. 672.
2 Vgl. Salcher (1995), S. 207.
3 Vgl. Kotler et. al. (2003), S. 677.

2. Die Neuproduktidee

2.1 Eine Begriffsbestimmung

Als erstes gilt es zu klären, was unter einer Neuproduktidee zu verstehen ist. Der Begriff einer Neuheit ist stets relativ.[4] Fast jedes Unternehmen gibt sich als innovativ zu verstehen.[5] Doch was sind Innovationen? Eine Innovation soll in jeder Hinsicht „... eine wesentliche Verbesserung oder gänzliche Neuerung [sein] und muß eine Weiterentwicklung zum Vorteil Ihrer Kunden und Ihres Unternehmens darstellen".[6] In der Literatur werden zur Bestimmung verschiedene Ansätze herangezogen.[7] Meffert zieht zur Beschreibung von Produkt-innovationen vier Dimensionen heran: Die Subjektdimension, die Intensitätsdimension, die Zeitdimension und die Raumdimension.[8]

Bereits der relative Charakter von Innovationen deutet darauf hin, dass die subjektive Wahrnehmung maßgeblich das Empfinden, was als neu bezeichnet werden kann, determiniert. In der Subjektdimension wird demzufolge zwischen der Art des wahrnehmenden Personenkreises differenziert und in der Folge in Hersteller- und Konsumenteninnovation unterschieden. Denn auf der Seite der Konsumenten kann ein Neuheitserlebnis allein durch Veränderung bzw. Neugestaltung der Verpackung, veränderte Werbebotschaften oder durch neue Absatzwege geschaffen werden. Auf der Herstellerseite interessiert der Grad der produkt- und produktionstechnischen Veränderungen.[9]

Grundsätzlich wird in der Intensitätsdimension zwischen der Marktneuheit und der Betriebs-neuheit unterschieden.[10] Eine Marktneuheit ist eine neue Problemlösung, die eine Aufgabe alternativ löst oder ein Bedürfnis befriedigt, für das es bislang noch keine Lösung gab.[11] Betriebsneuheiten sind Produkte, welche nur für das Unternehmen neu sind und folglich „me-too"-Produkte darstellen.[12] Ungefähr 30 Prozent aller Neuproduktideen ergeben sich aus der Betrachtung der Angebote der Konkurrenz.[13] Jedoch stellen „me-too"-Produkte oftmals keine

---

[4] Vgl. Koppelmann (2001), S. 100.
[5] Vgl. Kastin (1999), S. 273.
[6] Kastin (1999), S. 273.
[7] Siehe z.B. Koppelmann (2001), S. 100f. oder Meffert (2000), S. 375f.
[8] Vgl. Meffert (2000), S. 375.
[9] Vgl. Meffert (2000), S. 375.
[10] Vgl. Kastin (1999), S. 273; vgl. Meffert (2000), S. 375.
[11] Vgl. Kastin (1999), S. 273; vgl. Meffert (2000), S. 375.
[12] Vgl. Kastin (1999), S. 273; vgl. Meffert (2000), S. 375.
[13] Vgl. Kotler et. al. (2003), S. 684.

Lösung dar, da die Verbraucher den neuen oder zusätzlichen Produktnutzen durch die Fülle ähnlicher Produkte nicht mehr wahrnehmen.[14] Folglich ist die Generierung von Ideen für Marktneuheiten für die Unternehmen die beste Möglichkeit, Marktanteile zu gewinnen.

Die Zeitdimension beschreibt zwei unterschiedliche Aspekte: Zum einen, wie lange ein Produkt als neu gilt und damit von einer Innovation gesprochen werden kann. Dies ist abhängig von der Produktgattung, denn in Abhängigkeit vom produktspezifischen Patentschutz, ist es eine Frage der Zeit, wann die ersten Nachahmer auf den Markt treten. Der andere Aspekt der Zeitdimension beschreibt, dass eine Innovation mehr ist als nur eine Erfindung. Sie muss erst mehrere Entwicklungsphasen, angefangen mit der Ideengenerierung, durchlaufen, bevor eine Markteinführung stattfindet. Eine Neuproduktidee bedeutet also nicht sofort ein Neuprodukt.[15]

In der Raumdimension wird der Sachverhalt beschrieben, dass ein Produkt, das schon auf einem regionalen Markt verkauft wird, sich durchaus in einem anderen Markt als Neuheit verkaufen lässt. Dies trifft insbesondere auf die Einführung neuer Produkte im Ausland zu.[16]

Diese Ausführungen verdeutlichen, dass aufgrund der Relativität einer Innovation, die dafür notwendige Neuproduktidee ebenfalls relativ ist. Die Unterscheidung zwischen den Dimensionen ist deshalb so wichtig, da sich für jede Dimension unterschiedliche Aufgaben für die Marktforschung ergeben. Kann bei Betriebsinnovationen bereits auf Erfahrungen im Markt, bei Abnehmern und Konkurrenten zurückgegriffen werden, stößt die Marktforschung bei Marktinnovationen schnell an ihre „Grenzen." Hier versagen die herkömmlichen Befragungstechniken zur Generierung von Neuproduktideen. Um zukunftsfähige Produktideen zu entwickeln reicht es nicht aus, die Anwender einfach nur nach dem zu fragen, was gut oder schlecht sei. Daher müssen andere Wege und Verfahren angewendet werden, welche die Innovationsfreudigkeit fördern. Grundsätzlich ist jeder Mensch mehr oder weniger kreativ, er benötigt nur die richtigen Methoden, um dieses schöpferische Potenzial zu nutzen.[17]

---

[14] Vgl. Salcher (1995), S. 206.
[15] Vgl. Meffert (2000), S. 375f.
[16] Vgl. Meffert (2000), S. 376.
[17] Vgl. Higgens/Wiese (1996), S. 8; vgl. Kastin (1999), S. 273f.

2.2 Die Ideenquellen

Da während des Innovationsprozesses die Ausfallrate der Neuproduktideen zum Beispiel aufgrund fehlender technologischer Umsetzbarkeit oder der Verfehlung wirtschaftlicher Zielvorgaben besonders hoch ist, bedarf es einer Vielzahl von Produktideen.[18] Dabei kann die Ideengenerierung als die „... Suche nach Möglichkeiten zur besseren Nutzung der verfügbaren Ressourcen oder die Suche nach potentiellen Problemlösungen"[19] definiert werden. Es stellt sich die Frage, welche der vielfältigen Quellen sich für die Neuproduktgenerierung ergeben.[20] Grundsätzlich kann zwischen unternehmensinternen und unternehmensexternen Quellen unterschieden werden.[21] Bei der unternehmensinternen Suche verlässt sich das Unternehmen darauf, dass Konsumenten, unternehmensexterne Experten oder die eigenen Mitarbeiter Neuproduktideen an die Unternehmensleitung herantragen.[22] Dies geschieht vor allem durch Ideenwettbewerbe, der hauseigenen Forschungs- und Entwicklungsabteilung und dem innerbetrieblichen Vorschlagswesen.[23] Der wesentliche Vorteil unternehmensinterner Quellen sind die geringen Kosten.[24]

Besondere Bedeutung kommt den unternehmensexternen Quellen zu, da gerade diese Personengruppen die innovativsten Impulsgeber sind.[25] Kamen früher Innovationen aus den Forschungs- und Entwicklungsabteilungen der Unternehmen, so werden heute die Verbraucher systematisch in die Entwicklung neuer Ideen mit einbezogen.[26] Dies ist nach Salcher einer der wichtigsten Gründe für die wachsende Bedeutung der qualitativen Marktforschung.[27] Laut Kepper wird die qualitative Marktforschung mit dem Ziel der Generierung von Ideen immer dann betrieben, wenn unternehmensexterne Personen, wie zum Beispiel Kunden, Lieferanten und Weiterverkäufer, für die Erhebung produktbezogener Informationen als Quelle für Ideen zu Rate gezogen werden.[28] Der Kunde oder Verbraucher erweist sich besonders bei Investitionsgütern oft als „Experte" hinsichtlich bestehender anwendungs-technischer oder emotionaler Probleme.[29] Auch Unternehmensberater und Wissenschaftler

---

[18] Vgl. Kotler et. al. (2003), S. 682.
[19] Crawford (1992), S. 48.
[20] Vgl. Homburg/Krohmer (2003), S. 465; vgl. Pepels (2000), S. 11.
[21] Vgl. Homburg/Krohmer (2003), S. 465; vgl. Pepels (2000), S. 11; vgl. Sander (2004), S. 366.
[22] Vgl. Bruhn/Homburg (2001), S. 261.
[23] Vgl. Bruhn/Homburg (2001), S. 261.
[24] Vgl. Homburg/Krohmer (2003), S. 465.
[25] Vgl. Homburg/Krohmer (2003), S. 465.
[26] Vgl. Salcher (1995), S. 207f.
[27] Vgl. Salcher (1995), S. 207.
[28] Vgl. Kepper (1996), S. 148; vgl. Koppelmann, S. 100.
[29] Vgl. Salcher (1987), S. 321f.

fordern, den Kunden konsequent in den Produktentstehungsprozess einzubinden.[30] Kundenbefragungen sind ein oft genutztes Instrument, um Probleme zu erörtern.[31] Besonders in der Computerindustrie haben sich so genannte Usergroups durchgesetzt.[32] Diese Gruppen werden von den Herstellern eingeladen und sollen ihre Wünsche und Anregungen für neue Produktideen äußern.[33] So wird etwa ein Drittel der Anwendungssoftware bei IBM aufgrund von Kundenvorschlägen entwickelt.[34] Durch die Identifikation und der Diskussion mit den Leadusern lassen sich Trends für die Zukunft einzelner Märkte ableiten. Leaduser sind besonders qualifizierte Anwender neuer Produkte.[35] Die daraus abgeleiteten Trends sind für die Generierung von Neuprodukten richtungsweisend.[36] Mitarbeiter des Handels und Zulieferer sind ebenfalls aufgrund ihres produktspezifischen Wissens eine gute Quelle.[37] Die Einbindung unternehmensexterner Quellen für die Generierung von Ideen ist eng mit den charakteristischen Eigenschaften der qualitativen Marktforschung verbunden.[38] Die unternehmensexternen Quellen bieten das größte Potenzial für die Generierung von Neuproduktideen.[39]

---

[30] Vgl. Füller/Mühlbacher/Rieder (2004), S. 59.
[31] Vgl. Haedrich/Tomczak (1996), S. 188.
[32] Vgl. Haedrich/Tomczak (1996), S. 188.
[33] Vgl. Haedrich/Tomczak (1996), S. 188.
[34] Vgl. Kotler et. al. (2003), S. 683.
[35] Vgl. Haedrich/Tomczak (1996), S. 188.
[36] Vgl. Haedrich/Tomczak (1996), S. 188.
[37] Vgl. Kepper (1996), S. 150.
[38] Vgl. de Groot (1986), S. 137.
[39] Vgl. Schub von Bossiazky (1992), S. 154ff.

3. Die Qualitative Marktforschung

3.1 Die theoretischen Grundlagen der qualitativen Marktforschung

Die Marktforschung im weiteren Sinn lässt sich als ein Instrument für die systematische Sammlung von Informationen aus einem jeweils definierten Teilmarkt, mit dem Ziel der Regelung von Angebot und Nachfrage, verstehen.[40] Eine genaue Kenntnis des Marktes ist maßgeblich für die Entwicklung eines erfolgreichen Produktes.[41] Es lassen sich je nach Zielsetzung und Zweck der Untersuchung verschiedene Formen der Marktforschung unterscheiden. Grundsätzlich lässt sich die Marktforschung in zwei Teilbereiche aufgliedern: die Sekundärforschung und die Primärforschung.[42] Während die Sekundärforschung auf die Verwendung von bereits vorhandenen Daten, wie amtliche oder betriebsinterne Statistiken, abstellt, werden in der Primärforschung die Daten erst noch erhoben.[43] Die Primärforschung lässt sich in die in die quantitative und die qualitative Methode aufgliedern.[44]

Auf eine allgemein anerkannte Definition der qualitativen Marktforschung konnte sich die Wissenschaft noch nicht einigen. So schreibt Kepper, dass es nahezu unmöglich sei, eine Definition zu finden, die allen Anforderungen genügt.[45] Müller spricht gar von einem Definitionsproblem.[46] Salcher definiert sie als „… die Analyse des Verbrauchers, die über die reine Verhaltensschilderung hinaus zur Erklärung von Ursachen und zur Aufdeckung von nur teilweise bewussten Wünschen, Vorstellungen und Bedürfnissen führt"[47]. Eine geeignete Definition liefert das deutsche Marktforschungsinstitut GfK:

„Die Qualitative oder Psychologische Marktforschung dient zur Erklärung der Motivationen des Konsumenten und geht über die deskriptiven Daten der quantitativen Marktforschung hinaus. Wenn es nicht mehr ausreicht zu wissen, wer, was, wann, wo, wie oft konsumiert, sondern wenn das Warum des Verhaltens erfasst und beschrieben werden soll, dann wird qualitative Marktforschung unerlässlich."[48]

---

[40] Vgl. Salcher (1995), S. 3f.
[41] Vgl. Salcher (1995), S. 3.
[42] Vgl. Kiss/Teusch (1995), S. 13f.
[43] Vgl. Kiss/Teusch (1995), S. 13f.
[44] Vgl. Hüttner/ Schwarting (2002), S. 23.
[45] Vgl. Kepper (1996), S. 3.
[46] Vgl. Müller (2000), S. 131ff.
[47] Salcher (1995), S. 6.
[48] GfK (2006).

Nach Kepper existieren in der qualitativen Marktforschung drei wesentliche konstituierende Charakteristika: Offenheit, Kommunikativität und Typisierung.[49] Offenheit als dominierendes Merkmal bedeutet, dass der Forscher die Untersuchungshypothesen nicht frühzeitig, sondern erst ex post, also während der Datenerhebung bildet.[50] Er hat nur Vorstellungen über die ihn interessierenden Untersuchungsthemen.[51] Es geht um die Suche von relevanten Inhalten und nicht um das Messen vorher festgelegter Inhalte.[52] Dies soll den Marktforscher in seiner Unvoreingenommenheit stärken und den Schwerpunkt der Untersuchung flexibel und orientiert am Untersuchungsgegenstand gestalten.[53] Ziel ist es, die Probanden möglichst wenig durch präzise Detailfragen zu beeinflussen, um ihre authentische Meinung herauszufinden.[54]

Die Kommunikativität ist als zwangsläufige Folge der Offenheit anzusehen. Denn bei den qualitativen Marktforschungsmethoden werden die sprachlichen und inhaltlichen Themen an die kommunikativen Fähigkeiten der Probanden angepasst. Ziel ist es, den Kommunikations-fähigkeiten der Probanden möglichst freien Lauf zu lassen. Deshalb wird versucht, eine weitestgehende natürliche Kommunikationssituation zu schaffen. Dazu gehört auch, den Probanden die eigene Wortwahl zu ermöglichen und nicht in vorgegebene Antwortkategorien zu pressen. Damit keine für das Problem relevanten Informationen verloren gehen, wird versucht die größtmögliche Nähe zum Datenursprung zu gewährleisten [55]

Das letzte charakteristische Merkmal ist die Typisierung. Sie rückt den Untersuchungs-gegenstand in seiner Gesamtheit in den Vordergrund. In der qualitativen Marktforschung sollen keine quantifizierbaren repräsentativen Aussagen gemacht werden, sondern die Arten, die Wirkungen und die Zusammenhänge der interessierenden Variablen erklärt werden.[56] Das bedeutet, dass in der qualitativen Marktforschung die ganzheitliche Erfassung des Typischen über der repräsentativen Erhebung von Informationen steht.[57] Die Wahrung der statistischen Repräsentativität ist somit ausschließlich ein Problem der quantitativen Marktforschung.[58] Die qualitative Marktforschung besitzt keinen deskriptiven, sondern einen explorativen

---

[49] Vgl. Kepper (2000), S. 161f.
[50] Vgl. Kepper (1996), S. 25; vgl. Kühn/Fankhauser (1996), S. 56.
[51] Vgl. Kühn/Fankhauser (1996), S. 57.
[52] Vgl. Gutjahr (1988), S. 218f.
[53] Vgl. Kepper (1996), S. 25.
[54] Vgl. Kühn/Fankhauser (1996), S. 57.
[55] Vgl. Kepper (2000), S. 162; vgl. Kühn/Fankhauser (1996), S. 57.
[56] Vgl. Kuß (2004), S. 16; vgl. Sauermann (1999), S. 136.
[57] Vgl. Kepper (1996), S. 27.
[58] Vgl. Dammer/Szymkowiak (1998), S. 35.

Charakter.[59] Da hierfür eine intensive Auseinandersetzung mit dem Probanden erforderlich ist, können allein aus Kostengründen keine großen Stichproben erhoben werden, die die Grundgesamtheit exakt widerspiegeln.[60]

Die qualitativen Methoden legen Wert auf die Datentiefe, um die verborgenen latenten Bedürfnisse, wie z.b. unbewusste Motive, Einstellungen und Erwartungen des Kunden aufzuzeigen.[61] Qualitative Forschung ist in Deutschland topaktuell.[62] Dominierende quantitative Methoden wurden zugunsten der qualitativen Erforschung wirklicher Consumer Insights (latente Bedürfnisse des Kunden) zurückgedrängt.[63] Solche schwer in Worte fassbare und nicht direkt erfragbare Motive sind stark psychologisch orientiert und erfordern die Anwendung psychologischer Verfahren.[64] Die qualitative Marktforschung besitzt eine große Auswahl an Aufgabenfeldern. Diese Arbeit konzentriert sich auf das Arbeitsfeld der Neuproduktgenerierung. Das kreative Potenzial qualitativer Methoden kann besonders gut zur Generierung neuer Ideen genutzt werden.[65] Der große Handlungsspielraum, den die qualitative Marktforschung den Befragten zur Verfügung stellt, bildet die Basis für die Schaffung und Nutzung eines kreativen Ideenpotenzials.[66]

3.2 Die Methoden der qualitativen Marktforschung

Es gibt eine Vielzahl von Methoden, welche der qualitativen Marktforschung zugeschrieben werden.[67] Diese Arbeit fokussiert sich ausschließlich auf Methoden der qualitativen Markt-forschung, die nachweislich für die Neuproduktgenerierung geeignet sind.[68] Daher werden das qualitative Interview, die Gruppendiskussion, die Kreativitätstechniken und die pro-jektiven Verfahren erläutert.

---

[59] Vgl. Kuß (2004), S. 15.
[60] Vgl. Sauermann (1999), S. 117.
[61] Vgl. Kamenz (2001), S. 108.
[62] Vgl. o.V. (2004), S. 18.
[63] Vgl. o.V. (2004), S. 18.
[64] Vgl. Kamenz (2001), S. 108.
[65] Vgl. Kepper (2000), S. 164.
[66] Vgl. Kepper (2000), S. 164.
[67] Vgl. Bauer (2002), S. 259.
[68] Vgl. Kamenz (2001) S. 111; vgl. Kepper (2000), S. 201.

3.2.1 Das qualitative Interview

Kepper definiert das qualitative Interview folgendermaßen:

„Das qualitative Interview kann als mündliche und persönliche Form der Befragung beschrieben werden, der es um eine unverzerrte, nicht prädeterminierte und möglichst vollständige Sammlung von Information zu dem interessierenden Untersuchungsgegenstand geht. " [69]

Das qualitative Interview ist eines der meist genutzten Verfahren der qualitativen Markt-forschung.[70] Es wird häufig eingesetzt, um vertrauliche oder sensible Informationen zu erhalten, welche die Probanden in der Gruppendiskussion nicht angeben würden.[71] Besonders die Äußerung von sozial nicht verträglichen Meinungen wird in der Gruppendiskussion unterdrückt.[72] Eine angenehme Atmosphäre, angelehnt an einer natürlichen Gesprächs-situation, trägt zur Auskunftsbereitschaft des Probanden teil.[73] Die individuell an den Probanden angepasste Formulierung und Frageabfolge verbessert die Aussicht, die vollständigen Gedanken und die Argumentationsstruktur des Probanden zu erhalten, welche in der Gruppendiskussion untergehen könnten.[74] Aus diesem Grund verlangt diese Methode vom Marktforscher ständige Aufmerksamkeit.[75] Ein unstrukturierter Leitfaden erleichtert hierbei die Arbeit des Marktforschers. Eine Tonaufzeichnung des Gesprächsverlaufs bietet sich an, um die Auswertung so einfach wie möglich zu gestalten.[76] Ein wesentlicher Vorteil des qualitativen Interviews ist, dass die verschiedenen Aussagen den Probanden eindeutig zuzuordnen sind.[77] Dies verursacht besonders bei Gruppendiskussionen, bei denen nur der Ton aufgezeichnet wurde, gelegentlich Schwierigkeiten.[78] Das qualitative Interview ist sehr zeitaufwendig (ein bis zwei Stunden) und führt deswegen zu relativ hohen Kosten pro Proband.[79] Der Marktforscher soll sich in jeder Hinsicht neutral verhalten und höchstens die Äußerungen des Probanden zusammenzufassen sowie gegebenenfalls wiederholen, um

---

[69] Kepper (2000), S. 165.
[70] Vgl. Kepper (2000), S. 165.
[71] Vgl. Pfaff (2005), S. 98.
[72] Vgl. Pfaff (2005), S. 98.
[73] Vgl. Kepper (2000), S. 165.
[74] Vgl. Berekoven/Eckert/Ellenrieder (2004), S. 97; vgl. Kuß (2004), S. 112.
[75] Vgl. Kuß (2004), S. 112.
[76] Vgl. Sauermann (1999), S. 120.
[77] Vgl. Kuß (2004), S. 112.
[78] Vgl. Kuß (2004), S. 112.
[79] Vgl. Kuß (2004), S. 112.

eventuelle Missverständnisse aufzuklären.[80] Diese Befragungstechnik ist aus der Psychotherapie entlehnt und wird auch non-direktive Befragungstechnik genannt.[81] Sie stellt eine Vertrauensbeziehung zwischen Probanden und Marktforscher her und steigert damit die Aussagewilligkeit des Probanden.[82] Seitens des Probanden erfordert das qualitative Interview ein intellektuelles Mindestniveau, zumindest die Fähigkeit, seine Gedanken verbal kompetent zu formulieren.[83] Den entscheidenden Anteil am Gesprächsverlauf besitzt der Proband, der Marktforscher beschränkt sich auf die, durch die Nutzung offener Fragen ausgelöste, Aktivierung des Probanden.[84]

Die Nutzung des qualitativen Interviews zur Generierung von Neuproduktideen ist denkbar, jedoch bei weitem nicht so effizient wie die Möglichkeiten einer Gruppendiskussion.[85] Durch die gegenseitige Stimulierung der Probanden in der Gruppendiskussion erweist sie sich als bessere Methode.[86]

3.2.2 Die Gruppendiskussion

Kastin definiert die Gruppendiskussion als:

„...ein moderiertes Round-table-Gespräch und eine Befragung/Beobachtung von mehreren Personen gleichzeitig im Rahmen eines gegenseitigen Meinungsaustausches. Dabei können und sollen Einstellungen, Argumente und Urteile mitunter hart aufeinanderprallen, aber auch Ideen produziert, modifiziert und weiterentwickelt werden."[87]

Gruppendiskussionen werden als das Standardinstrument der qualitativen Marktforschung bezeichnet.[88] Sie zählen zur kreativen Basis der qualitativen Marktforschung.[89] Die Methode der Gruppendiskussion gewinnt immer mehr an Bedeutung.[90] Zur Stimulierung von Kreativität kann die Gruppendiskussion wertvolle Beiträge leisten.[91] Im Gegensatz zum qualitativen Interview soll die Gruppendiskussion keinen tiefen Einblick, sondern in relativer

---

[80] Vgl. Sauermann (1999), S. 120.
[81] Vgl. Sauermann (1999), S. 120.
[82] Vgl. Berekoven/Eckert/Ellenrieder (2004), S. 97.
[83] Vgl. Kepper (2000), S. 166.
[84] Vgl. Sauermann (1999), S. 120.
[85] Vgl. Kepper (2000), S. 170.
[86] Vgl. Kepper (2000), S. 170.
[87] Kastin (1999), S. 68.
[88] Vgl. Dammer/Szymkowiak (1998), S. 30; vgl. Kuß (2004), S. 108.
[89] Vgl. Raab/Unger/Unger (2004), S. 33.
[90] Vgl. Dammer/Szymkowiak (1998), S. 30.
[91] Vgl. Kepper (1996), S. 78.

kurzer Zeit ein möglichst breites Spektrum unterschiedlicher Meinungen, Ansichten und Ideen mehrerer Probanden aufzeigen.[92] Daher werden in der Regel mehrere (etwa drei bis fünf) Gruppendiskussionen mit jeweils unterschiedlicher Besetzung durchgeführt.[93] Gruppendiskussionen werden normalerweise innerhalb eines Zeitrahmens von ein- bis anderthalb Stunden abgehalten.[94] Die Gruppengröße besteht in der europäischen Marktforschung aus sechs bis acht Probanden, in der amerikanischen sind dagegen durchaus Gruppengrößen von zehn bis zwölf Probanden üblich.[95] Erfordert das Untersuchungsthema eine intensive oder komplexe Auseinandersetzung sind kleinere Gruppen von fünf bis sechs Probanden besser geeignet.[96] Größere Gruppen erscheinen vorteilhafter, wenn es gilt, möglichst viele Ideen zu generieren oder ein breites Meinungsspektrum abzubilden.[97]

Der zweite wichtige Aspekt ist die Zusammensetzung der Gruppe.[98] Die Gruppe soll aus zielmarktrepräsentativen Probanden bestehen.[99] Ob dabei die Gruppe möglichst homogen oder heterogen zusammengestellt sein soll, war lange Zeit in der Literatur ein Streitthema.[100] In der Marktforschung werden mittlerweile homogen als auch heterogen zusammengesetzte Gruppendiskussionen eingesetzt.[101] Homogen wird als vorteilhaft angesehen, da sich in dieser Form ein typisches Meinungsbild der Gruppe konvergiert.[102] Hierbei kann die Gruppe nach sozio-demographischen Kriterien wie Einkommen, Alter, Geschlecht oder Bildung, aber auch nach physio-demographischen Kriterien wie Lifestyle oder Wissensstand der Probanden zu dem zu untersuchenden Thema, selektiert werden.[103] Heterogene Gruppen besitzen den Vorteil, dass das Thema ausführlicher diskutiert wird und jeder einzelne Proband seinen Standpunkt nochmals hinterfragt. Dadurch wird häufig erst der eigentliche Hintergrund für eine Einstellung offen gelegt.[104]

Die Aufgabe des Moderators ist es, strikt neutral zu bleiben, dominante Persönlichkeiten zu bremsen und Schweiger zur Teilnahme anzuregen.[105] Jeder Proband soll die gleiche Chance

---

[92] Vgl. Berekoven/Eckart/Ellenrieder (2004), S. 98.
[93] Vgl. Salcher (1996), S. 46.
[94] Vgl. Kepper (2000), S. 172.
[95] Vgl. Cooper (1989), S. 510f.; vgl. Sonet (1994), S. 6f.
[96] Vgl. Kepper (2000), S. 173 sowie S. 176.
[97] Vgl. Kepper (2000), S. 173.
[98] Vgl. Sauermann (1999), S. 118.
[99] Vgl. Bauer (2002), S. 268.
[100] Vgl. Salcher (1995), S. 46.
[101] Vgl. Salcher (1995), S. 46f.
[102] Vgl. Salcher (1995), S. 46f.
[103] Vgl. Kepper (2000), S. 173.
[104] Vgl. Salcher (1995), S. 47.
[105] Vgl. Kepper (2000), S. 173; siehe auch ausführlich zur Rolle des Leiters Flick (2002), S. 174f.

besitzen, seine Meinung zum diskutierten Thema kundzutun.[106] Der Moderator muss stets auf die Einhaltung der Regeln eines fairen Meinungsaustausches achten und stets die Diskussion in Gang halten.[107] Dazu steht ihm ein schwach strukturierter Leitfaden zur Verfügung, um auf ein gedankliches Gerüst zurückgreifen zu können, um notfalls die Probanden zu aktivieren.[108] Der Verlauf einer Gruppendiskussion wird durch Ton- oder Videoaufnahmen aufgezeichnet, was besonders bei der Auswertung hilfreich ist.[109] Die Videoaufzeichnung hat den Vorteil, dass auch das nonverbale Verhalten in die Auswertung einfließen kann.[110]

Anhand der Gruppendynamik wird der Beobachter Zeuge eines sozialen Austauschs unterschiedlicher Meinungen, deren Verarbeitung und Veränderung beziehungsweise ihrer Durchsetzung und Unterdrückung.[111] Dies stellt eine Simulation des Prozesses der Meinungsbildung in der sozialen Umwelt dar.[112] Der wichtigste Vorteil der Gruppen-diskussion besteht im Schneeballeffekt, der durch die Gruppendynamik zum Tragen kommt.[113] Kepper definiert den Schneeballeffekt folgendermaßen:

„So ist aus der Sozialpsychologie bekannt, dass in Gruppengesprächen Themen und Ideen wechselseitig aufgegriffen und weitergedacht werden, d.h. Antworten von Gesprächspartnern fungieren als Stimuli für den nächsten Teilnehmer ('Schneeballeffekt'). Die alltagsnahe Gesprächssituation und die damit verbundene Geborgenheit in der Gruppe fördern hierbei eher spontane und unkontrollierte Reaktionen, Hemmungen können (bei entsprechender Organisation der Gruppe) besser abgebaut werden."[114]

Dies verschafft der Gruppendiskussion ein bedeutendes Kreativitätspotenzial.[115] Ein wesentlicher Vorteil von Gruppendiskussionen ist ihre zeitliche und finanzielle Ökonomie, denn innerhalb wesentlich kürzerer Zeit als beim qualitativen Interview ist es möglich, ein breites Meinungsspektrum einzuholen.[116] Ein Teil dieser Kostenvorteile wird durch den

---

[106] Vgl. Kepper (2000), S. 173.
[107] Vgl. Schnettler (2003), S. 281.
[108] Vgl. Berekoven/Eckert/Ellenrieder (2004), S. 99; vgl. Sauermann (1999), S. 119.
[109] Vgl. Kiss/Teusch (1995), S.59.
[110] Vgl. Raab/Unger/Unger (2004), S. 34.
[111] Vgl. Flick (2002), S. 178.
[112] Vgl. Sauermann (1999), S. 119.
[113] Vgl. Kepper (1996), S. 76; vgl. Kiss/Teusch (1995), S. 59.
[114] Kepper (1996), S. 76f.
[115] Vgl. psychonomics AG (2006), S. 3.
[116] Vgl. Bruns (1999), S. 140.

hohen organisatorischen Aufwand der Terminfindung, an dem alle Probanden der Gruppe teilnehmen können, relativiert.[117]

Ein Problem stellt die Rekrutierung von Probanden dar, werden diese doch in der Realität häufig aus dem nahen Bekanntenkreis der Marktforscher rekrutiert. Dies kann auf Dauer ein Problem darstellen, da es dazu führt, dass bestimmte Probanden verhältnismäßig oft an solchen Sitzungen teilnehmen und den Verlauf von Gruppendiskussionen stark beeinflussen. Besser wäre eine zufällige Rekrutierung per Telefon, da auf diese Weise keine gezielte Auswahl der Probanden erfolgt. Das Risiko besteht dabei in der Auswahl ungeeigneter, nicht auskunftsfreudiger Probanden. Die psychonomics AG rekrutiert ihre Probanden aus hauseigenen Datenbanken. Probanden mit widersprüchlichen Argumentationen werden ausselektiert. Außerdem werden, zur Vermeidung von „Diskussionsprofis", die Probanden nicht öfter als einmal in sechs Monaten und insgesamt maximal sechs Mal eingeladen.[118]

Wie schon seit geraumer Zeit in den USA wird heute auch in Deutschland sehr intensiv und regelmäßig mit Gruppendiskussionen gearbeitet.[119] Es haben sich viele verschiedene Organisationsformen, wie die kumulative oder die kontradiktorische Gruppendiskussion, gebildet. Diese Organisationsformen können nur noch teilweise als Gruppendiskussion im oben beschriebenen Sinne definiert werden.[120] Die kumulative Gruppendiskussion kann als Erweiterung der einfachen Gruppendiskussion aufgefasst werden. Dazu finden nacheinander drei bis fünf Diskussionen mit unterschiedlichen Probanden in Zeitabständen von mindestens einem Tag zum gleichen Thema statt. Bei dem Verfahren werden die Ergebnisse und Gedanken der vorhergehenden Gruppendiskussionen in der jeweils nächsten Gruppendiskussion fortgeführt und geprüft. Dies führt zu einer beträchtlichen Erweiterung des Meinungsspektrums.[121] In der kontradiktorischen Gruppendiskussion befindet sich ohne das Wissen der Probanden ein Mitarbeiter des Marktforschungsinstituts in der Gesprächsrunde. Dieser soll bei einen übereinstimmenden Meinungsbild der Gruppe gezielt widersprechen und damit dessen Stabilität testen. Diese Kontradiktion zielt bewusst auf die Schwächen der neuen Produktidee ab. Damit eignet sich die kontradiktorische Gruppendiskussion, um zu testen, welche Argumente für und gegen eine neue Produktidee sprechen.[122] Mittlerweile werden die

---

[117] Vgl. Flick (2002), S. 178.
[118] Vgl. psychonomics AG (2006), S. 6; vgl. Raab/Unger/Unger (2004), S. 34.
[119] Vgl. Salcher (1995), S. 50.
[120] Vgl. Kepper (1996), S. 78.
[121] Vgl. Salcher (1995), S. 50.
[122] Vgl. Salcher (1995), S. 54f.

Gruppendiskussionen häufig auch mit anderen Methoden der qualitativen Marktforschung wie dem qualitativen Interview, den Kreativitätstechniken und den projektiven Verfahren kombiniert.[123] Die Möglichkeit der Kombination von verschiedenen Methoden innerhalb der Gruppendiskussion macht die Gruppendiskussion besonders für die Generierung von Neuproduktideen geeignet.

3.2.3 Die Kreativitätstechniken

Kreativitätstechniken werden verstanden als:

„Systematische, strukturierte Techniken, um das kreative Potential eines Individuums oder einer Gruppe bzw. eines Teams zu fördern und zu erhöhen, vorwiegend mit dem Ziel, Probleme und Fakten zu finden sowie Ideen, Alternativen und Lösungen zu einem Problem zu entwickeln."[124]

In den Gruppendiskussionen werden sie vor allem mit dem Ziel der Leistungssteigerung genutzt, um zum Beispiel konkrete Neuproduktideen zu generieren.[125] Laut Kamenz sind sie eine spezielle Form der Gruppendiskussion.[126] Eine genaue Ausgestaltung einer Kreativsitzung ist nicht festgelegt.[127] In Folge dessen lässt sich in der Literatur eine Fülle an Vorschlägen finden.[128] Grundprinzip jedes Aufbaus ist generell, die Probanden aufzulockern und die alten Denkschemata aufzubrechen.[129] Ziel ist die Schaffung einer kreativen und flexiblen Atmosphäre.[130] Die Kreativitätstechniken sollen die Probanden durch gegenseitigen Austausch inspirieren, um neue Lösungsansätze zu finden.[131] Dazu stehen mittlerweile über 100 verschiedene Kreativitätstechniken zur Verfügung.[132] Obwohl diese Techniken teilweise äußerst komplex sind, bereiten sie in den Kreativgruppen nur selten Probleme.[133] Durch die gezielte Lenkung des Gesprächsverlaufs einer Kreativgruppe, wird bewusst auf einen spontanen Gesprächsverlauf verzichtet.[134] Dies bewirkt die Ausrichtung der Kreativgruppe

---

[123] Vgl. Kepper (1996), S. 78.
[124] Battelle Studie (1972), S. 1f.
[125] Vgl. Kuß (2004), S. 111; vgl. Salcher (1995), S. 55f.
[126] Vgl. Kamenz (2001), S. 115.
[127] Vgl. Kepper (1996), S. 83.
[128] Vgl. Kepper (1996), S. 83.
[129] Vgl. Kepper (1996), S. 83.
[130] Vgl. Kepper (1996), S. 84.
[131] Vgl. Kamenz (2001), S. 115.
[132] Vgl. Johansson (1997), S. 41.
[133] Vgl. Salcher (1995), S. 212.
[134] Vgl. Kepper (1996), S. 86.

auf die Thematik der Kreativsitzung.[135] Allerdings bewirkt die Konzentration auf die diskussionsleitende Technik bei den Probanden ein verändertes Selbstverständnis.[136] Die Probanden werden aus ihrer normalen Rolle des Konsumenten herausgenommen und in die des Kritikers mit Expertenwissen versetzt.[137] Dieser Rollentausch verursacht eine Distanz, die die realen Entscheidungs- und Handlungsstrukturen des Probanden überdecken kann.[138] Das heißt der Proband denkt nicht mehr in der gleichen Art und Weise wie er es Realität tun würde, zum Beispiel beim Kauf eines Produktes. Dies könnte sich negativ auf die Generierung einer Neuproduktidee auswirken.

Die Einbeziehung potentieller Kunden für die Neuproduktgenerierung im Konsum-güterbereich ist aufgrund des fehlenden Wissens über die Anforderungen, die ein Neuprodukt aus unternehmensspezifischer Sicht erfüllen muss, umstritten.[139] Dennoch können dadurch wichtige Erkenntnisse auf bestimmte Denkschemata erkannt werden, welche in die Generierung der Neuproduktidee mit einfließen können.[140] Aufgrund der Komplexität und der Kundenausrichtung der Produkte im Investitionsgüterbereich erlangt die Einbindung potentieller Kunden in die Ideengenerierung durch Kreativitätstechniken höhere Bedeutung.[141]

3.2.4 Die projektiven Verfahren

Spiegel definiert die Methode und die Stärken der projektiven Verfahren folgendermaßen:

„Die sogenannten projektiven Methoden dienen in erster Linie dazu, ... die Motive des Verbraucherverhaltens zu erfassen, und zwar vor allem jene, die nicht erfragbar sind. Es sind dies solche Motive, die entweder die betreffende Person nicht oder nur ungern offenbaren will, oder die sie – da ihr selber (und damit auch der direkten Befragung) unzugänglich – nicht offenbaren kann.“[142]

Diese Methode geht, wie viele qualitative Marktforschungsmethoden, auf psycho-therapeutische Verfahren zurück. Dem berühmten Psychologen Sigmund Freud fiel auf, dass

---

[135] Vgl. Kepper (1996), S. 86.
[136] Vgl. Kepper (1996), S. 86.
[137] Vgl. Kepper (1996), S. 86.
[138] Vgl. Kepper (1996), S. 86.
[139] Vgl. Sabisch (1991), S. 101ff.
[140] Vgl. Schub von Bossiazky (1992), S. 84.
[141] Vgl. Kepper (1996), S. 163.
[142] Spiegel (1958), S. 106.

die Menschen dazu neigen, eigene unangenehme und widerspruchsvolle Regungen auf andere Personen zu übertragen und er entwickelte daraufhin die projektiven Verfahren.[143] Diese arbeiten mit ablenkenden Fragestellungen, welche versuchen, den wahren Zweck für den Probanden zu verschleiern.[144] Dadurch wird die rationale Kontrolle des Probanden umgangen und seine psychischen Inhalte, wie Einstellungen, Meinungen, Erwartungen usw. offen gelegt.[145] Das Wesentliche des projektiven Verfahrens ist die Projektion.[146] Sie kann als eine „… Verlagerung von affektgeladenen inneren Wahrnehmungen oder Regungen nach außen …"[147] verstanden werden. Diese Methode stellt eine Möglichkeit dar, über unangenehme Inhalte zu sprechen.[148]

Die Stärke des projektiven Verfahrens beruht auf der darauf, dass mit dieser Methode selbst dann noch Ergebnisse erzielt werden können, wenn alle anderen bekannten Methoden versagt haben.[149] Der Nachteil projektiver Verfahren liegt in der Interpretationsbedürftigkeit der Ergebnisse.[150] Die projektiven Verfahren stellen eine Ergänzung zum qualitativen Interview und der Gruppendiskussion dar. Anders als beim qualitativen Interview und der Gruppendiskussion wird hier weniger versucht, eine möglichst natürliche Gesprächssituation zu erschaffen, sondern die Künstlichkeit der Befragung durch den Einbau spielerischer und neuartiger Elemente aufzulockern, um so gesprächshemmende Einflüsse abzubauen.[151] Deswegen kann das projektive Verfahren laut Kepper mit Einschränkungen für die Ideengenerierung genutzt werden.[152]

---

[143] Vgl. Salcher (1995), S. 56f.
[144] Vgl. Kepper (2000), S. 183.
[145] Vgl. Kepper (2000), S. 184.
[146] Vgl. Salcher (1995), S. 57.
[147] Salcher (1995), S. 57.
[148] Vgl. Kiss/Teusch (1995), S. 60.
[149] Vgl. Salcher (1995), S. 56.
[150] Vgl. Sauermann (1999), S. 121.
[151] Vgl. Kepper (2000), S. 184.
[152] Vgl. Kepper (2000), S. 201.

4. Ein Anwendungsbeispiel

Als Anwendungsbeispiel soll in dieser Arbeit das Projekt „Consumer Insights – Ideen zur Produktneuentwicklung" aus dem Projektstudium 2005/2006 des Lehrstuhls für Marketing und Internationalen Handel der TU Bergakademie Freiberg dienen. Auftraggeber des Projekts war die Kosmetikfirma Florena. Genauer Projektinhalt war die Generierung neuer Produktideen für den Bereich Gesichtspflege, Ideen zur Verpackungsgestaltung und zur Kommunikation für die Kernzielgruppe der Frauen und Männer im Alter von 20 bis 30 Jahren. Dabei sollten die Produktideen innovativ, leicht verständlich und gut kommunizierbar sein.

Das Untersuchungsdesign sah für die Generierung der neuen Produktideen die Nutzung der Gruppendiskussion in Verbindung mit anderen Formen der qualitativen Marktforschung vor. Die Probanden waren heterogen zusammengesetzt. Sie waren unterschiedliche Typen von Kosmetikanwendern, unterschiedlicher Studienrichtungen und besaßen unterschiedliche sozio-demographische Merkmale. Aus dem Blickwinkel der Homogenität waren sie ausschließlich Studenten und fielen in den festgelegten Altersrahmen. Jede Gruppendiskussion besaß eine Stärke von sechs bis zehn Probanden. Es wurden geschlechtsspezifisch je zwei Gruppendiskussionen abgehalten.

In den Gruppendiskussionen wurden verschiedene Methoden der qualitativen Marktforschung kombiniert. Als Einstieg wurde, um die Stimmung aufzulockern, in fast jeder Gruppendiskussion eine Kreativitätstechnik gewählt. In den Gruppendiskussionen wurden ebenfalls verschiedene Kreativitätstechniken wie die Planetenreise und das Brainstorming angewandt. Die Probanden sollten aus ihrer Umwelt und ihren verfestigten Denkstrukturen herausgerissen werden, um damit ihre Leistungsfähigkeit für die Neuproduktgenerierung zu erhöhen. Außerdem wurde auf die Organisationsform der kumulierten Gruppendiskussion zurückgegriffen, um die Ergebnisse aus den vorherigen Gruppendiskussionen zu überprüfen und weiterzuentwickeln. Auch die Organisationsform der kontradiktorischen Gruppendiskussion wurde genutzt, um die Gruppe anzuregen und den entstehenden Meinungskonsens auf seine Festigkeit zu prüfen.

Da die Ergebnisse aus diesen Gruppendiskussionen die Erwartungen des Projektteams enttäuschten, wurde zuletzt eine Gruppendiskussion mit den besten Probanden, den so genannten Leadusern, veranstaltet. Diese wurden aus den vorhergehenden Männer- und

Frauengruppendiskussionen rekrutiert. In dieser Gruppendiskussion wurden die Neuproduktideen für die Zielgruppe der Männer und der Frauen nochmals diskutiert und bewertet. Der Vorteil bestand in der Tatsache, dass auch die jeweils andere geschlechtsspezifische Zielgruppe die Neuproduktideen für das andere Geschlecht diskutieren konnte. Dies ergänzte die Ergebnisse für die Neuproduktgenerierung des Projektteams.

Wie im Anhang dargestellt, erfolgte die Moderation mit Hilfe von teilstandardisierten Leitfäden. Diese halfen den Moderatoren in der Abfolge der Themen, ließen ihnen aber dennoch genügend Raum, um sich auf die anwesenden Probanden auszurichten. Inhalt des Leitfadens waren Fragen zur Akzeptanz konkreter Inhaltsstoffe und Darreichungsformen, zur Einstellung zur Marke Florena, über die Lebenswelten und Selbstbilder der Probanden, zu generellen Einstellungen zu Pflege und Kosmetik sowie zum Kommunikationsverhalten. Die Aufzeichnung erfolgte durch Videoaufnahmen und digitale Tonaufnahmen. Für die Interpretation und Auswertung erfolgte eine Transkription aller Gruppendiskussionen.

In der Auswertung erfolgte eine Zusammenfassung der Consumer Insights der geschlechtsspezifischen Zielgruppen. Die weibliche Zielgruppe bevorzugt eine leichte, unkomplizierte Pflege, die Spaß macht. Sie möchte keine „Anti-Aging"-Produkte, sondern Pflege für die Gegenwart. Fantasievolle und natürliche Inhaltsstoffe werden favorisiert. Darauf aufbauend entstand unter anderen die Neuproduktidee einer leichten Tagescreme, ohne Tag-Nacht-Spezifik in Gelform und dezenten Minzeduft. Als Inhaltsstoffe kommen zum Beispiel Grüner Tee oder Aloe Vera in Betracht. Die Zielgruppe der Männer achtet auf Inhaltsstoffe mit konkreten Wirkungsversprechen. Die Pflege muss geradlinig und stilvoll sein. Dabei soll die Verpackung ein attraktives technisches Design aufweisen. Bevorzugt wird eine Sofortpflege ohne „Anti-Aging"-Wirkung. Als eine mögliche Neuproduktidee wurde eine Augencreme gegen Augenschwellungen und Augenringe generiert. Um dem technischen Design nachzukommen, wird die Augencreme in einem Pumpspray angeboten. Inhaltstoffe könnten Vitamine, Meersalze oder Mineralien sein. Insgesamt entstanden als vorläufiges Ergebnis nach der Auswertung für jede Zielgruppe drei konkrete Neuproduktvorschläge.

5. Fazit

Eine Neuproduktidee ist von relativem Charakter. Schon kleinste Änderungen am Produkt können beim Kunden ein Neuheitserlebnis bewirken. Bestes Beispiel ist hierfür die Firma 3M mit ihren sehr erfolgreichen „Post-it"-Klebenotizen.[153] Nur die Anbringung eines kleinen Klebestreifens auf jeder Seite eines kleinen Notizblocks stellte die Neuproduktidee dar. Des Weiteren steht eine Vielzahl an Ideenquellen zur Verfügung, von denen die unternehmens-externen Quellen sich bevorzugt zur Generierung von Neuproduktideen eignen. Um dieses Kreativitätspotenzial zu nutzen, bietet sich die qualitative Marktforschung an. Dafür stehen verschiedene Methoden zur Verfügung, von denen jede ihre Vor- und Nachteile besitzt. Die Gruppendiskussion, unter anderem weil sie verschiedene Methoden der qualitativen Markt-forschung kombinieren kann, stellt die beste Methode dar. Das Anwendungsbeispiel zeigte die jeweils charakteristischen Stärken der Methoden und beweist ihre Eignung zur Generierung von Neuproduktideen. Im Idealfall entsteht bereits während der Erhebung eine brauchbare Neuproduktidee. Auch wenn das nicht immer der Fall sein kann, sind die gesammelten Daten im Rahmen der qualitativen Marktforschung innerhalb der Auswertung die beste Basis für eine Neuproduktidee.

Die qualitative Marktforschung zur Generierung von Neuproduktideen besitzt ein erhebliches Entwicklungspotential. Eine Alternative, welche bis jetzt nur sehr zögerlich genutzt worden ist, stellt die gezielte Einbindung des Internets dar.[154] Denn mittlerweile ist es möglich, Gruppendiskussionen online durchführen zu lassen, diese werden als so genannte Web-Groups bezeichnet.[155] Eine weitere Möglichkeit für die Einbeziehung des Internets besteht in der gezielten Bereitstellung so genannter Newsgroups, ähnlich den Foren, wo sich die Probanden freiwillig rekrutieren, d.h. einloggen, und sich untereinander über die ver-schiedensten Themen unterhalten.[156] Für jede Thematik gibt es eigene Newsgroups.[157] Der Marktforscher erhält dadurch meist qualitativ hochwertige Beiträge und kann bei Bedarf gezielt Fragen stellen.[158]

---

[153] Vgl. Kotler et. al. (2003), S. 681.
[154] Vgl. Bauer (2002), S. 275.
[155] Vgl. Berekoven/Eckert/Ellenrieder (2004), S. 99.
[156] Vgl. Homburg/Krohmer (2003), S. 198.
[157] Vgl. Homburg/Krohmer (2003), S. 198.
[158] Vgl. Homburg/Krohmer (2003), S. 198.

Es lässt sich erkennen, dass die qualitative Marktforschung noch ein erhebliches Entwicklungspotential zur Nutzung des kreativen Potentials der Probanden zur Generierung von Neuproduktideen besitzt. Jedoch besteht kein Anlass, die Verbindung des Internets mit der qualitativen Marktforschung als zukünftigen Königsweg anzusehen. Die Nutzung des Internets für die qualitative Marktforschung wird sich zukünftig zusätzlich zu den bereits bewährten Methoden der qualitativen Marktforschung entwickeln.[159]

---

[159] Vgl. Berekoven/Eckert/Ellenrieder (2004), S. 115.

Anhang

Abbildung A1:   Beispiel eines Disskussionsleitfadens aus dem Anwendungsbeispiel

---

Projektstudium 2005/2006

Projekt „Florena – Consumer Insights"

Gruppendiskussion – Gruppe Frauen

Moderationsleitfaden

0   Einleitung

- Vorstellung der Teilnehmer (Name, evt. Alter, Studiengang, Hobbies)

- Vorstellung des Projektteams

- Vorstellung des (angeblichen) Untersuchungszwecks

- Erläuterung der Methodik (freie Diskussion, keine Beschränkungen, eigene Ideen möglich usw.)

1   Assoziationen zum Thema „Wohlfühlen"

Was verstehen Sie unter dem Begriff des „Wohlgefühls" bzw. des „Wohlfühlens"?

Was tun Sie, um sich wohlzufühlen?

Welche Rolle spielt für Ihr Wohlbefinden

- Entspannung?

- Wellness?

- Sport?

- gesunde Ernährung?

Was gehört für Sie heutzutage zu gesunder Ernährung?

Gibt es Hausrezepte/Geheimtipps für gesunde Ernährung?

Welche Lebensmittel im weitesten Sinne sind für Sie „gesund"?

Achtung! Abfrage bei Nichtnennung:

- Obst/Gemüse/Nussfrüchte

- Cerealien

- Vitamine (welche?)

- Mineralien (welche?)

- Wasser

- Milcherzeugnisse

- Öle

- Pflanzen (Heilpflanzen?)

Wie beurteilen Sie, ob bestimmte Lebensmittel „gesund" sind?

2   Fragen zu Gesundheit und Hautpflege

„Weil Gesundheit auch Hautsache ist" (Vichy):

Ist für Sie „gesunde Haut" wichtig?

Was ist für Sie „gesunde Haut"?

Welche Funktionen muss für Sie Hautpflege leisten können?

Achtung! Abfrage:

- gesund erhalten?

- pflegen/bewahren?

- beschützen/heilen?

- verschönern/"aufpeppen"?

Welche Rolle spielt für Sie das Vertrauen in Hautpflege? Wann vertrauen Sie einer Hautpflege besonders/gar nicht?

3a   Fragen zum Kaufverhalten bei Gesichtspflege

Wie wichtig ist es für Sie, Gesichtspflegeprodukte zu benutzen? Wie oft nutzen Sie Gesichtspflegeprodukte?

Was ist Ihnen bei Ihrer Gesichtspflege besonders wichtig?

Achtung! Abfrage bei Nichtnennung:

- Leistung/Zweck/Wirkung?

- Konsistenz?

- Duft?

- Inhaltsstoffe?

- Verpackung?

- Preis?

- Marke?

- Art/Klang der Bezeichnung?

- Einkaufsstätte (Drogeriemarkt?, Discounter?, Parfümerie/Warenhaus?, Spezialhandel?, Apotheke?)

Kaufen Sie immer die gleichen Produkte oder probieren Sie gern neue Produkte aus?

Kommt es vor, dass man Gesichtspflege spontan kauft und dabei auch einmal mehr Geld als gewöhnlich ausgibt?

3b   Fragen zum Kommunikationsverhalten bei Gesichtspflege

Mit wem tauschen Sie sich über Gesichtspflegeprodukte aus?

Abfrage:

- Freundin?
- Geschwister?
- Mutter?

Schauen Sie sich gern Werbung für Gesichtspflege an?

Welche Werbung fällt Ihnen spontan ein? Können Sie die Werbung beschreiben?

Gibt es Werbespots oder Anzeigen für Gesichtspflege, die Ihnen besonders gut/gar nicht gefällt? Warum (nicht)?

Welche Rolle spielen Testberichte (z.B. Stiftung Warentest, Ökotest, Testberichte in Frauenzeitschriften)?

4   Gesichtspflege der Zukunft

Stellen Sie sich vor, Sie könnten Ihre ganz persönliche Gesichtspflege erfinden. Wie sieht diese Pflege aus?

Abfrage:

- Inhaltsstoffe
- Verpackung
- Wirkung
- Duft

Was kann diese Gesichtspflege, was heutige Produkte nicht oder nur begrenzt können?

Abfrage:

- schöner machen?
- gesünder machen?
- intelligenter machen?
- weniger Chemie?

Welche Inhaltsstoffe könnte man nutzen, um diese Wirkung zu erzielen?

- Obst/Gemüse/Nussfrüchte
- Cerealien
- Vitamine (welche?)
- Mineralien (welche?)
- Wasser
- Milcherzeugnisse
- Öle
- Pflanzen (Heilpflanzen?)
- Zucker?

Evtl. Zuordnungstest Frauenbilder zu Kosmetikmarken: Welche Marke passt zu welchem Stereotyp?

5   Markenkenntnis/Markenverhalten bei Gesichtspflege

Welche Marken im Bereich Gesichtspflege fallen Ihnen ein?

Welche Marken mögen Sie (nicht)?

Welche nutzen Sie?

Wie viele Marken für Gesichtspflege nutzen Sie gleichzeitig?

6   Markenkenntnis Florena

Haben Sie schon einmal etwas von der Marke „Florena" gehört?

Woran denken Sie, wenn Sie „Florena" hören?

Wie lässt sich die Marke „Florena" beschreiben?

Kaufen bzw. verwenden Sie „Florena"?

Abschluss des Gesprächs

*Quelle: TU Bergakademie Freiberg, Lehrstuhl für Marketing und Internationalen Handel, Prof. Dr. Margit Enke,
Projektstudium 2005/2006, Projekt „Consumer Insights – Ideen zur Produktneuentwicklung", Eigene
Erarbeitung.*

Literaturverzeichnis

Battelle Studie (1972): Methoden und Organisation der Ideenfindung. Gruppenuntersuchung. Frankfurt/Main. Zitiert nach: Johansson, B. (1997): Kreativität und Marketing. Die Anwendungen von Kreativitätstechniken im Marketingbereich. Bern.

Bauer, E. (2002): Internationale Marketingforschung. 3. Aufl., München.

Berekoven, L.; Eckert, W.; Ellenrieder P. (2004): Marktforschung. Methodische Grundlagen und praktische Anwendung. 10. Aufl., Wiesbaden.

Bruhn, M.; Homburg, C. (Hrsg.) (2001): Gabler Marketing Lexikon. Wiesbaden.

Bruns, J. (1999): Befragung als Instrument der primärforscherischen Datengewinnung. In: Pepels, W. (Hrsg.): Moderne Marktforschungspraxis. Handbuch für mittelständische Unternehmen. Neuwied. S.129-147.

Cooper, P. (1989): Comparison Between the UK and US: the Qualitative Dimension. In: Journal of the Market Research Society, Vol. 31, No. 4, S. 509-525. Zitiert nach: Bauer, E. (2002): Internationale Marketingforschung. 3. Aufl., München.

Crawford, C. M. (1992): Neuprodukt-Managment. Frankfurt/Main. Zitiert nach: Kepper, G. (1996): Qualitative Marktforschung. Methoden, Einsatzmöglichkeiten und Beurteilungskriterien. 2. Aufl., Wiesbaden.

Dammer, I.; Szymkowiak, F. (1998): Die Gruppendiskussion in der Marktforschung. Wiesbaden.

Flick, U. (2002): Qualitative Sozialforschung. Eine Einführung. 6. Aufl., Reinbeck bei Hamburg.

Füller, J.; Mühlbacher, H.; Rieder, B. (2004): An die Arbeit, lieber Kunde!. In: Harvard Businessmanager (Hrsg.): Neue Produkte. entwickeln-testen-verkaufen. Frankfurt/Main. S. 59-76.

GfK (2006): Qualitative Forschung. URL: http://www.gfk.at/de/default.aspx?path=/de/products/ad_hoc/qualitative.aspx&, Stand: 28.03.2006.

de Groot, G. (1986): Qualitative Research. Deep, Dangerous, or Just Plain Dotty?. In: European Research. Vol. 14. No. 3. S. 136-141. Zitiert nach: Kepper, G. (1996): Qualitative Marktforschung. Methoden, Einsatzmöglichkeiten und Beurteilungskriterien. 2. Aufl., Wiesbaden.

Gutjahr, G. (1988): Gruppendiskussion oder Exploration?. In: planung & analyse, Jg. 15, S. 218-219. Zitiert nach: Kepper, G. (1996): Qualitative Marktforschung. Methoden, Einsatzmöglichkeiten und Beurteilungskriterien. 2. Aufl., Wiesbaden.

Haedrich, G.; Tomczak, T. (1996): Produktpolitik. Stuttgart.

Higgens, J. M.; Wiese, G. G. (1996): Innovationsmanagment. Kreativitätstechniken für Unternehmen. Berlin.

Homburg, C.; Krohmer, H. (2003): Marketingmanagment. Strategie – Instrumente – Umsetzung – Unternehmensführung. Wiesbaden.

Hüttner, M.; Schwarting, U. (2002): Grundzüge der Marktforschung. 7. Aufl., München.

Johansson, B. (1997): Kreativität und Marketing. Die Anwendungen von Kreativitätstechniken im Marketingbereich. Bern.

Kamenz, U. (2001): Marktforschung. Einführung mit Fallbeispielen. 2. Aufl., Stuttgart.

Kastin, S. (1999): Marktforschung mit einfachen Mitteln. 2. Aufl., München.

Kepper, G. (1996): Qualitative Marktforschung. Methoden, Einsatzmöglichkeiten und Beurteilungskriterien. 2. Aufl., Wiesbaden.

Kepper, G. (2000): Methoden der Qualitativen Marktforschung. In: Herrmann, A.; Homburg, C. (Hrsg.): Marktforschung. Methoden, Anwendungen, Praxisbeispiele. 2. Aufl., Wiesbaden. S. 160-202.

Kiss, T.; Tesch, H. (1995): Einsatz und Instrumente der Marktforschung. Freiburg i. Br..

Koppelmann, U. (2001): Produktmarketing. Entscheidungsgrundlagen für Produktmanager. 5. Aufl., Berlin.

Kotler, P.; Armstrong, G.; Saunders, J.; Wong, V. (2003): Grundlagen des Marketing. 3. Aufl., München.

Kühn, R.; Fankhauser, K. (1996): Marktforschung. Ein Arbeitsbuch für das Marketing-Managment. Bern.

Kuß, A. (2004): Marktforschung. Grundlagen der Datenerhebung und Datenanalyse. Wiesbaden.

Meffert, H. (2000): Marketing. Grundlagen marktorientierter Unternehmensführung. Konzepte – Instrumente – Praxisbeispiele. 9. Aufl., Wiesbaden.

Müller, S. (2000): Grundlagen der Qualitativen Marktforschung. In: Herrmann, A.; Homburg, C. (Hrsg.): Marktforschung. Methoden, Anwendungen, Praxisbeispiele. 2. Aufl., Wiesbaden. S. 129-157.

O.V. (2004): Wenn qualitative Zielgruppenanalyse gelingen soll: dos und don'ts Integrierte Qualitative Marktforschung. In: planung & analyse, Heft, 4 S. 32.

Pepels, W. (2000): Produktmanagment. Produktinnovation Markenpolitik Programmplanung Prozeßorganisation. 2. Aufl., München.

Pfaff, D. (2005): Marktforschung. wie sie Erfolg versprechende Zielgruppen finden. Berlin.

psychonomics AG (2006): Steckbrief: Qualitative Marktforschung. www.psychonomics.de/filemanager/download/896, Stand: 17.04.2006.

Raab, G.; Unger, A.; Unger, F. (2004): Methoden der Marketing-Forschung. Grundlagen und Praxisbeispiele. Wiesbaden.

Sabisch, H. (1991): Produktinnovationen. Stuttgart. Zitiert nach: Kepper, G. (1996): Qualitative Marktforschung. Methoden, Einsatzmöglichkeiten und Beurteilungskriterien. 2. Aufl., Wiesbaden.

Salcher, E. F. (1987): Innovationsbegleitende Forschung. In: Berufsverband deutscher Markt- und Sozialforscher e. V. (Hrsg.): Marktforschung für kreative Entscheidungen. Düsseldorf. S. 313-336. Zitiert nach: Kepper, G. (1996): Qualitative Marktforschung. Methoden, Einsatzmöglichkeiten und Beurteilungskriterien. 2. Aufl., Wiesbaden.

Salcher, E. F. (1995): Psychologische Marktforschung. 2. Aufl., Berlin.

Sander, M. (2004): Marketing-Managment. Märkte, Marktinformationen und Marktbearbeitung. Stuttgart.

Sauermann, P. (1999): Qualitative Befragungstechniken. In: Pepels, W. (Hrsg.): Moderne Marktforschungspraxis. Handbuch für mittelständische Unternehmen. Neuwied. S.115-128.

Schnettler, J.; Wendt, G. (2003): Marketing und Marktforschung. Lehr- und Arbeitsbuch für die Aus- und Weiterbildung. Berlin.

Schub von Bossiazky, G. (1992): Psychologische Marketingforschung. München. Zitiert nach: Kepper, G. (1996): Qualitative Marktforschung. Methoden, Einsatzmöglichkeiten und Beurteilungskriterien. 2. Aufl., Wiesbaden.

Sonet, T. (1994): See the USA, through the looking glass. In: ResearchPlus, No.6, S. 6-7. Zitiert nach: Bauer, E. (2002): Internationale Marketingforschung. 3. Aufl., München.

Spiegel, B. (1958): Werbepsychologische Untersuchungsmethoden. Berlin. Zitiert nach: Salcher, E. F. (1995): Psychologische Marktforschung. 2. Aufl., Berlin.